PROJET

D'UNE

LÉGISLATION TRANSITOIRE

DE LA

PRESSE PÉRIODIQUE.

PROJET

D'UNE

LÉGISLATION TRANSITOIRE

DE LA

PRESSE PÉRIODIQUE,

PRÉSENTÉ EN NOVEMBRE 1830

A M. LE DUC DE BROGLIE*,

RAPPORTEUR DE LA COMMISSION DE LA CHAMBRE DES PAIRS.

MOTIFS.

Un journal politique avec la législation existante ne peut se maintenir que soutenu par 3500 abonnés au

---

* Le nom de M. Émile de Girardin, auteur de ce Projet est honorablement cité dans le rapport très-remarquable sur la loi des journaux, fait à la Chambre des Pairs par M. le duc de Broglie, et publié dans le numéro du *Moniteur* du 4 décembre.

moins. Son intérêt le contraint donc à créer des dissí-
dences d'opinions et des démarcations de partis, pour
fomenter des passions et des haines. Les dangers et les
torts reprochés à la presse périodique ne doivent être
attribués qu'à sa constitution vicieuse, qu'il est facile
d'améliorer.

Le haut prix des feuilles quotidiennes qui est le
résultat de taxes exorbitantes a cela de fâcheux qu'il
restreint les classes intermédiaires au choix d'un seul
journal, les prive des élémens de conviction qu'une
discussion contradictoire présenterait à leur jugement,
les fait esclaves aveugles des doctrines exclusives d'un
seul parti et rend impossible en France l'impartialité.

Les mesures restrictives dont la presse est l'objet
n'aboutissent qu'à la jeter dans la dépendance des partis
et transformer à son insçu le plus innocent abonné de
journal en sectaire politique.

L'action de la presse périodique dans les départemens
n'est ni assez vive, ni assez générale, il en résulte que
leur esprit est trop timide, leur opinion trop lente à se
former, et que chaque pas que fait en avant Paris, les
laisse en arrière à une trop grande distance. Delà une
défiance mutuelle entre ces deux Frances distinctes, qui
tend à provoquer entre elles un funeste déchirement.
— Ce déchirement ne saurait être prévenu que par de
nouvelles dispositions législatives et fiscales qui facilite-
raient les moyens de faire pénétrer la presse périodique
au sein des classes les moins éclairées, en abaissant la
rédaction et le prix d'abonnement au niveau des petites

fortunes et de l'intelligence peu formée du plus grand nombre des électeurs.

La création de journaux élémentaires mis à la portée des classes peu aisées et point instruites, ne saurait être trop encouragée par un gouvernement national et paternel, car elle aurait pour résultats infaillibles de les enrichir en les éclairant sur leurs intérêts, et conséquemment d'améliorer toutes les natures de productions et en même tems de détruire tout ce qui ne serait qu'opinions abstraites et sophistiques. En d'autres termes elle aurait pour résultat l'abandon des controverses politiques au profit d'études commerciales et agricoles.

Le meilleur système de la presse périodique dans l'intérêt général sera celui qui encouragera la création d'autant de journaux qu'il peut y avoir d'intérêts particuliers, d'états, de professions et de métiers différens. La presse comprimée maladroitement par des mesures restrictives a dévié de son origine et de son but; d'un flambeau elle est devenue une torche incendiaire; concentrée dans une ou dans deux opinions, la presse ne s'est exercée depuis quinze années que sur un classe trop restreinte relativement à la population, car cette classe n'excède pas cent cinquante mille personnes; mieux comprise, la presse peut être le moyen le plus efficace et le plus facile de perfectionner l'industrie et l'agriculture en rendant l'éducation élémentaire générale en France. Et, la rendre générale, c'est en faire disparaître tous les inconvéniens, dont les plus sensibles, quand elle n'est pas assez propagée, sont le dé-

classement qu'elle produit , et la naissance d'une foule
de prétentions impossibles à satisfaire, qui agitent
alors la société et la rendent turbulente.

Tels sont les principes dont nous avons essayé de
faire l'application dans les trois projets de loi qui sui-
vent, en évitant avec soin de changer trop brusque-
ment toutes les dispositions législatives qui régissent
encore la presse périodique.

PROJET DE LOI

RELATIF AU TARIF DE LA POSTE AUX LETTRES.

~~~~~~~~~~~~~~~~~~~~

ARTICLE PREMIER.

Le port des journaux, gazettes et ouvrages périodiques, transportés hors des limites du département où ils sont publiés, et quelle que soit la distance parcourue dans le royaume est réduit :

A 4 centimes par chaque feuille, quelle que soit sa dimension pour les journaux, gazettes et ouvrages périodiques dont le prix d'abonnement annuel excédera 40 francs, et à 2 centimes seulement pour les journaux, gazettes et ouvrages périodiques dont le prix d'abonnement annuel sera de 40 francs et au-dessous.

ART. 2.

Les mêmes feuilles ne payeront que la moitié des prix fixés ci-dessus, toutes les fois qu'elles seront destinées à l'intérieur du département où elles auront été publiées.

Les autres dispositions de la loi du 15 mars 1827 qui ne sont pas contraires à la présente ordonnance sont maintenues.

Paris, le

─────────────── **RÉSULTATS.** ───────────────

L'adoption proposée de deux prix différens, n'opère pour les journaux actuellement existans qu'un dégrèvement d'un centime par feuille, réduction déjà consentie par la Chambre des Députés *. Elle a l'avantage d'accroître infailliblement les revenus de la poste et de favoriser les intérêts de la consommation par la possibilité qu'elle donne de créer des journaux élémentaires et à bon marché, lesquels manquent en France, et d'augmenter le nombre des feuilles d'annonces que réclament vivement les besoins du commerce.

---

* Cette réduction a reçu plus tard également l'approbation de la Chambre des Pairs. L'adoption de notre projet avait cet avantage que la même réduction se trouvait compensée, et au-delà, par l'accroissement de produits qui résultait de la création d'une classe de journaux de second ordre.

PROJET DE LOI

RELATIF A LA PERCEPTION DU TIMBRE.

Le droit de timbre établi sur les journaux, gazettes et écrits périodiques cessera d'être perçu proportionnellement sur la superficie des feuilles pour être désormais fixé de la manière qui suit :

ARTICLE PREMIER.

Les journaux, gazettes et écrits périodiques dont le prix d'abonnement annuel n'excèdera pas 3o francs seront soumis à un timbre fixe de 2 centimes. Ce timbre sera de 3 centimes pour les journaux, gazettes et écrits périodiques dont le prix d'abonnement annuel est de 3o à 4o francs ; de 4 centimes si le prix d'abonnement annuel est de 4o à 5o francs de 5 centimes, quel que soit le prix de l'abonnement annuel excédant celui de 5o francs qui vient d'être déterminé.

ART. 2.

Les droits prélevés pour le timbre rouge et le dixième en sus demeurent abolis.

ART. 3.

Ne seront pas soumis au timbre les ouvrages étrangers aux matières politiques publiés par livraisons composées de deux feuilles d'impression au moins, et paraissant une fois par semaine au plus.

Toutes les dispositions contraires à la présente loi en ce qui concerne les journaux, gazettes ou écrits périodiques sont abrogées.

Paris, le

RÉSULTATS.

La proposition de la loi relative à la perception du timbre, en adoptant les bases plus rationnelles qui établissent proportionnellement le droit sur le prix d'abonnement, et non plus sur la superficie des feuilles, opère :

Pour les journaux actuellement existans dans le format soumis au timbre de 5 centimes un dégrèvement de

2 centimes. $\begin{cases} \text{Timbre rouge } \text{1 c. } 1/2 \\ 10^{me} \text{ en sus } 4 \text{ c. } 1/2 \end{cases}$

Pour les journaux dans le format soumis au timbre de 6 centimes un dégrèvement de *

3 centimes $\begin{cases} \text{Réduction de 6 à 5 } \text{1 c.} \\ \text{Timbre rouge } \quad\quad 1 \quad 1/2 \\ 10^{me} \text{ en sus } \quad\quad\quad 1/2 \end{cases}$

---

* La suppression du timbre rouge et du dixième en sus a été adoptée dans la loi dernière qui porte à 6 centimes au lieu de 5 centimes, ainsi que nous le proposions, le maximum du timbre, au-delà duquel il ne pourrait être réclamé quelque soit la superficie des feuilles, un droit plus élevé. Cette différence est insignifiante, elle a seulement produit ce fait inexplicable, c'est que le *Constitutionnel*, le *Journal des Débats*, etc. ne paient que 5 cent. lorsque le *Moniteur* dont la superficie a moins d'étendue, continue de payer 6 cent.

Le Gouvernement regrettera plus tard :

D'avoir négligé légèrement les avantages qu'il pouvait retirer de deux classes de journaux.

La dimension résultant de ce dégrèvement dans les revenus de l'administration du timbre, sera compensée et au-delà par la publication d'un grand nombre de journaux politiques, élémentaires ou abbréviateurs à bon marché, et par la multiplication des feuilles d'annonces que les deux lois de la poste et du timbre encouragent en même tems qu'elles laissent subsister dans leur état tous les journaux existans

Le succès des journaux élémentaires, abbréviateurs mis à la portée des classes peu aisées ou peu instruites n'est point douteux. Leur avantage pour l'éducation morale, agricole, industrielle et politique du grand nombre de citoyens dont les idées sur ces matières sont encore bien loin d'être en rapport avec les droits politiques qu'ils peuvent exercer, a fait naître d'importantes considérations que leur développement ne permet de recueillir dans une note simplement destinée à faire ressortir la création d'une source nouvelle de produits pour les deux administrations de la poste et du timbre.

Première classe : journaux de luxe , et de hautes spéculations politiques.

Deuxième classe : journaux à bon marché ; — élémentaires ; — de faits et de simples notions ;

D'avoir privé volontairement les deux Administrations du timbre et de la poste de l'accroissement de produits qui fût résulté de l'adoption de nouveaux tarifs établissant la perception des droits sur le prix d'abonnement et non sur la superficie des feuilles, d'autant plus qu'il faut ajouter que ce mode de perception, était calculé pour ne rien changer quant aux journaux politiques existans dont le prix d'abonnement est de 80 francs ; qu'il donnait seulement la possibilité de fonder au-dessous de ce prix exorbitant, des journaux destinés à l'éducation des classes ignorantes qui eussent amélioré leur bien être.

PROJET DE LOI TRANSITOIRE

SUR

LES JOURNAUX ET ÉCRITS PÉRIODIQUES.

~~~~~~~~~~~~~~

ARTICLE PREMIER.

Les propriétaires ou éditeurs de tout journal ou écrit périodique, consacré en tout ou en partie aux nouvelles ou matières
politiques, et paraissant soit à jour fixe, soit par livraisons et
irrégulièrement, mais plus d'une fois par mois, seront tenus de
faire une déclaration indiquant :

1° Le titre du journal ou écrit périodique, et les époques
auxquelles il doit paraître ;

2° Le nom de tous les propriétaires autres que les comman-
ditaires, leur demeure, leur part dans l'entreprise ;

3° Le nom et la demeure des gérans responsables ;

4° L'indication de l'imprimerie dans laquelle le journal ou
écrit périodique devra être imprimé.

ART. 2.

Toutes les fois qu'il surviendra quelque mutation, soit dans
le titre du journal ou dans les conditions de sa périodicité, soit
parmi les propriétaires ou les gérans responsables, il en sera
fait déclaration devant l'autorité compétente dans les quinze
jours qui suivront la mutation, à la diligence des gérans responsables. En cas de négligence, ils seront punis d'une amende
de cinq cents francs.

Il en sera de même si le journal ou écrit périodique venait à

être imprimé dans une autre imprimerie que celle qui a été
originairement déclarée.

Dans le cas ou l'entreprise aurait été formée par une seule
personne, le propriétaire, s'il réunit les qualités requises par
l'article 5, sera en même tems le gérant responsable du
journal.

Dans le cas contraire, il sera tenu de présenter un gérant
responsable.

Ces déclarations seront accompagnées du dépôt des pièces
justificatives; elles seront signées par chacun des propriétaires
du journal ou écrit périodique, ou par le fondé de pouvoirs de
chacun d'eux; elles seront reçues à Paris, à la direction de la
librairie, et dans les départemens, au secrétariat-général de la
préfecture.

ART. 3.

En cas d'association, la société devra être l'une de celles qui
sont définies et régies par le Code de commerce, hors le cas où
le journal serait publié par une société anonyme. Les associés
seront tenus de choisir entre eux, un, deux ou trois gérans qui,
aux termes des articles 22 et 24 du Code de commerce, auront
chacun individuellement la signature.

Si l'un des gérans responsables vient à décéder ou à cesser
ses fonctions par une cause quelconque, les propriétaires seront
tenus, dans le délai *d'un mois,* de le remplacer ou de réduire
par un acte revêtu des mêmes formalités que celui de société,
le nombre de leurs gérans. Ils auront aussi, dans les limites ci-
dessus déterminées, le droit d'augmenter ce nombre en rem-
plissant les mêmes formalités. S'ils n'en avaient constitué qu'un
seul, ils seront tenus de le remplacer dans le mois qui suivra
son décès; faute par eux de le faire, le journal ou écrit périodique cessera de paraître, à peine de mille francs d'amende,
pour chaque feuille ou livraison qui serait publiée après l'expi-
ration de ce délai.

Dans le cas où un journal ou écrit périodique est établi et

publié par un seul propriétaire, si ce propriétaire vient à mourir, la veuve ou ses héritiers auront un délai de trois mois pour présenter un gérant responsable réunissant les qualités prescrites par l'article 5.

ART. 4.

Les gérans responsables, ou l'un, ou deux d'entre eux surveilleront et dirigeront par eux-mêmes la rédaction du journal ou écrit périodique.

ART. 5.

Chacun des gérans responsables devra préalablement faire connaître qu'il possède la capacité d'éligible *. Il sera tenu d'en justifier à toutes réquisitions qui lui seraient faites.

ART. 6.

Chaque numéro de l'écrit périodique sera signé en minute par le propriétaire s'il est unique, par l'un des gérans respon-

---

* Cette partie de ce projet a été modifiée depuis la dernière loi électorale.

La capacité d'électeur était la seule qui fut primitivement réclamée.

On lit dans le *Moniteur* du 4 décembre 1830.

« D'autres réclamaient l'abolition de tout cautionnement, et offraient » de remplacer cette garantie par une autre, celle qui consisterait à exiger » que le gérant d'un journal fut électeur. » (M. Émile de Girardin.)

Il n'a pas paru à votre commission que le moment fut favorable pour tenter des essais de législation, essais dont il serait difficile d'apprécier d'avance toutes les conséquences. Elle a pensé qu'il était plus prudent d'ajourner et de se renfermer dans la disposition du projet de loi soumis à son examen, sans prétendre toute fois porter un jugement définitif contre des dispositions qui pourront être reproduites et discutées dans un tems plus opportun.

(*Extrait du rapport de M. le duc de Broglie.*)

sables, si l'écrit périodique est publié par une société en nom collectif ou en commandite, et par l'un des administrateurs s'il est publié par une société anonyme.

L'exemplaire signé pour minute sera, au moment de la publication, déposé au parquet du procureur du Roi du lieu de l'impression, ou à la mairie dans les villes où il n'y a pas de tribunal de première instance, à peine de cinq cents francs d'amende contre les gérans. Il sera donné récépissé du dépôt.

La signature sera imprimée au bas de tous les exemplaires, à peine de cinq cents francs d'amende contre l'imprimeur.

Les signataires de chaque feuille ou livraison seront responsables de son contenu et passibles de toutes les peines portées par la loi, à raison de la publication des articles ou passages incriminés, sans préjudice de la poursuite contre l'auteur ou les auteurs desdits articles ou passages comme complices. En conséquence, les poursuites judiciaires pourront être dirigées tant contre les signataires des feuilles ou livraisons, que contre l'auteur ou les auteurs des passages incriminés, si ces auteurs peuvent être connus ou mis en cause.

ART. 7.

Il est accordé aux propriétaires actuels des journaux existans un délai de six mois, à dater de la promulgation de la présente loi, pour présenter un, deux ou trois gérans responsables, réunissant les conditions requises par l'article 5, et faire la déclaration prescrite par l'article premier.

ART. 8.

En cas de contestation sur la régularité et la sincérité de la délibération prescrite par l'article premier et des pièces à l'appui, il sera statué par les tribunaux à la diligence du préfet, sur mémoire, sommairement et sans frais, la partie et son défenseur et le ministère public entendus.

Si le journal n'a point encore paru, il sera sursis à la déclaration jusqu'au jugement à intervenir, lequel sera exécutoire nonobstant appel.

ART. 9.

Si la déclaration prescrite par l'article premier est reconnue fausse et frauduleuse en quelqu'une de ses parties, le journal cessera de paraître.

ART. 10.

Ne seront pas astreints à la condition d'être *éligible* prescrite par l'article 5 :

1° Les propriétaires ou éditeurs de journaux ou écrits périodiques ne paraissant qu'une fois par mois ou plus rarement ;

2° Les propriétaires ou éditeurs des journaux ou écrits périodiques étrangers aux matières politiques et exclusivement consacrés aux sciences, aux arts, aux lettres, à l'industrie, à l'agriculture, ou aux avis, annonces et affiches judiciaires.

Les propriétaires ou éditeurs d'un journal ou écrit périodique qui contreviendraient aux dispositions du présent article, en traitant directement ou indirectement des matières politiques seront punis conformément à l'art. 6 de la loi du 9 juin 1819, s'ils ne peuvent produire les pièces nécessaires constatant qu'ils possèdent la capacité prescrite par l'article 5.

ART. 11.

Si les condamnations pécuniaires prononcées soit contre les signataires responsables, soit contre l'auteur ou les auteurs des passages incriminés, ne sont pas acquittées en tems voulu, le journal sera licité, et en cas d'insuffisance, le recouvrement poursuivi par toutes les voies de droit et par corps contre les signataires responsables et auteurs qui les auront encourues, et solidairement contre les associés ou co-propriétaires du journal ou écrit périodique.

ART. 12.

Les amendes autres que celles portées par la présente loi, qui auront été encourues pour délit de publication par la voie d'un journal ou écrit périodique, ne seront jamais moindres du double du *minimum* fixé par les lois relatives à la repression des délits de la presse.

ART. 13.

Dans les procès qui ont pour objet la diffamation, si les tribunaux ordonnent, aux termes de l'art. 55 de la Charte, que les débats auront lieu à huis-clos, les journaux ne pourront, à peine de deux mille francs d'amende, publier les faits de diffamation, ni donner l'extrait des mémoires ou écrits quelconques qui les contiendraient.

Dans toutes les affaires civiles ou criminelles où un huis-clos aura été ordonné, ils ne pourront, sous la même peine, publier que le prononcé du jugement.

ART. 13.

Lorsqu'aux termes du dernier paragraphe de l'article 23 de la loi du 17 mai 1819, les tribunaux auront, pour les faits diffamatoires étrangers à la cause, réservé soit l'action publique, soit l'action civile des parties, les journaux ne pourront, sous la même peine, publier les faits ni l'extrait des mémoires qui les contiendraient.

Toutes les dispositions contraires à la présente loi son abrogées.

RÉSULTATS.

Ce projet maintient en vigueur la plus grande partie des dispositions de la loi du 18 juillet 1828, à laquelle M. le viconte de Martignac a glorieusement attaché son nom; car il n'est pas exagéré de dire que cette loi, par l'impossibilité où elle mettait le ministère suivant de rétablir la censure à jamais abolie par elle, fut le plus grand obstacle que rencontrèrent dans leur projet les ministres qui expient dans le fort de Ham l'insuccès de deux ordonnances dont l'une, à défaut de la censure, appliquait l'inquisition à la presse périodique.

Les deux points principaux de ce projet transitoire sur les journaux et écrits périodiques, sont :

1° L'abolition des cautionnemens réduits déjà par la loi de juillet 1828 pour les journaux quotidiens de 10,000 à 6,000 francs de rente, et par la dernière loi de janvier 1831 de 6,000 à 2,400 francs de rentes.

2° L'obligation pour tout gérant signataire d'un journal politique de réunir les conditions d'éligibilité.

La condition d'éligibilité substituée au dépôt de cautionnement avait les avantages suivans :

1° Elle donnait au Gouvernement des garanties de moralité moins douteuses; car elle ajoutait celles de l'âge à celles de la fortune. Aucun homme âgé de moins de trente ans n'aurait pu être gérant, tandis que la loi lui permet maintenant d'en remplir les fonctions à vingt et un ans.

2° Le cautionnement fourni le plus souvent par des tiers au moyen d'une prime convenue, ne paraîtra toujours qu'une vaine et arbitraire formalité. Le sens d'éligibilité devenait une condition honorable à remplir; si honorable, que le gérant l'eût toujours eu présente devant les yeux, et qu'elle eût réglé sa conduite.

On ne saurait trop désirer que les gérans des journaux fussent Députés ou au moins éligibles, et s'ils avaient pu être l'objet d'une adjonction dans la loi électorale, peut-être eût-il été politique de se servir de ce moyen de déférer en quelque sorte leurs doctrines à l'opinion publique elle-même.

Ce but honorable montré incessamment à leur ambition, l'eût relevée, il les eût fait plus dépendans de l'opininion ; la presse périodique eût compté moins de brouillons et de controversistes obscurs, elle eût compté d'avantage d'hommes politiques préparés par la théorie à la pratique des affaires.

C'est un des vices de la presse périodique, qu'elle exerce sans contrôle, un contrôle si actif, et que le plus grand nombre des écrivains dont le journalisme est la profession, soit trop étranger aux intérêts généraux ; plus on parviendra à l'y rattacher par tous les moyens possibles, et plus l'on créera de chances que la presse périodique cesse d'être l'interprête des passions du pays, pour devenir celui de ses intérêts et de ses vœux.

La législation réformée avec sagesse peut donner à la presse périodique ce caractère plus honorable, et plus en rapport avec les progrès de notre civilisation.

IMPRIMERIE DE GŒTSCHY FILS ET COMP. RUE LOUIS-LE-GRAND , N° 55.